AF320869

LA PAIX

PROGRAMME

DE VILLAFRANCA

I

En ce moment, où l'on peut dire à juste titre
que les grandes sociétés du globe sont en travail
de recomposition ou plutôt de transformation, où
cette grande gestation de rénovation politique et
sociale s'opère simultanément en Amérique, en
Orient, dans l'Inde anglaise, en Syrie, en Tur-
quie et même en Russie, sur laquelle plane ce
prochain ukase qui doit abolir la servitude et par
suite changer la constitution de cet empire en lui
créant une classe moyenne ; en ce moment où
l'Autriche avec ses craquements intérieurs semble

marcher à une dislocation imminente, où l'Italie et son inconnu inquiètent tous les esprits et surexcitent tant de préoccupations, tout est de nature à faire que la paix soit dans les vœux et les intérêts bien compris de tous les gouvernements.

La paix est donc une des nécessités du moment, et son maintien peut seul assurer l'heureuse éclosion de ces principes réorganisateurs dont nous venons de parler. Si, entre toutes les nations, une seule était en mesure d'affronter une guerre, ce serait la France avec son unité homogène et compacte, avec ses immenses ressources d'hommes et d'argent, la France qui, sans l'appeler, est toujours prête au combat, la France dont les forces sont soutenues et tempérées par l'énergie et la sagesse du régime qui la gouverne. Nous ne préconisons donc pas la paix au point de vue de nos avantages particuliers, quoique pourtant nous ne soyons convaincus que la France ne retire, ainsi que les autres nations du concert européen, sa part d'avantages dans le maintien de la paix.

Rien n'est fort qu'à la condition d'être modéré. Cet axiome politique a été constamment mis en pratique par la haute et souveraine intelligence qui a rendu à la France cette grandeur et cette force qui la placent à la tête des nations. Le traité de Villafranca, survenu à la suite de triomphes dont l'éclat réflétait les victoires du premier Empire, était bien l'expression de cette modération puissante, de cette sagesse suprême qui sait contenir la gloire dans les limites du droit et du juste et ne s'abandonne point à l'enivrement du succès. Prudent dans sa générosité, l'Empereur avait consenti à venir en aide à un voisin ami; mais, en vrai chef de famille, il n'a pas dû, il n'a pas voulu engager dans la question toute la fortune, tout l'avenir de la France. De ce traité de Villafranca que devait-il advenir?

Tout ce qui pouvait satisfaire aux aspirations des Italiens : le maintien de leur nationalité, la création de leur autonomie. Certes, c'était là pour l'Italie, la source de toute gloire et de tout bonheur. C'était la rendre à elle-même, l'épurer de tout alliage, la reconstituer grande nation entre les nations : c'était assurer sa tranquillité intérieure, lui ouvrir les portes d'un avenir nouveau, lui redonner une existence et la faire honorablement et glorieusement rentrer dans cette grande famille européenne d'où l'avaient déclassée bien des fautes et bien des excès. C'était lui refaire une espèce de virginité nationale pure de toute promiscuité étrangère. Mais, pour en arriver à ce but, il fallait beaucoup de cette modération, de cette force contenue dont le gouvernement français lui prêchait et lui donnait le noble exemple. Il fallait que, scrupuleuse et attentive, calme et docile, elle acceptât les conseils qui lui étaient donnés et se soumît aux exigences que lui créait sa situation de nation qu'on venait d'arracher à sa ruine. Il fallait, avant tout, que sa reconnaissence se traduisît par sa soumission aux règles qui lui étaient tracées et qu'elle ne déviât pas soudainement de la route que tant de sang précieux lui avait généreusement ouverte.

Loin de là, ne prenant conseil que des souvenirs

d'un passé désastreux, l'Italie s'est laissée aller à ses aspirations insurrectionnelles; elle a remis en question des points résolument tranchés; elle a, sinon détruit, du moins entravé l'œuvre de régénération entreprise pour elle, et aujourd'hui, lorsqu'elle devrait déjà jouir des bienfaits de la situation que la France lui avait faite, elle est en proie à autant, sinon plus, de déchirements qu'avant l'intervention généreuse qui voulait lui rendre bien-être et dignité.

Il s'est commis, dans cette malheureuse contrée, tant de fautes en dehors de la France; on y a si imprudemment méconnu ses avis et transgressé ses prescriptions; on y a tenu si peu de compte de l'honneur de son alliance et de l'utilité de son soutien, qu'on pourrait raisonnablement penser que la France, mécontente à juste titre, abandonnerait à son sort une nation indocile ou ingrate; mais il n'en sera point ainsi. La France, persistante dans ses bienfaits, ne se décourage point dans l'exécution de ses grands projets de réparation et de sauvetage. Ce qu'elle a entrepris sous l'impulsion auguste placée à sa tête, elle l'accomplira avec cette haute et fière persévérance qui accompagne toujours les œuvres conçues dans l'amour du bien. Elle poursuivra, juste et tenace, et sans peur, à travers les ruines de ce monde croulant de l'Italie, l'œuvre de salut et de reconstitution qu'elle a commencée. *Ense et spiritu*, par le fer et la tête, par la force et la sagesse. La France, cette reine des nations, guidée par son auguste chef, sera encore là pour protéger de son épée et abriter de son égide une nation malheureuse qui tend encore à s'égarer malgré tous les sacrifices qu'on fait pour elle ; mais qui finira, espérons-le, par en sentir le prix, rentrera dans la voie de la raison et viendra à la fin en aide aux efforts qu'on tente si généreusement pour elle !

II

Quatre points principaux font l'objet de la complication italienne. La Papauté, Naples, la Vénétie et cette question complexe d'unité ou de Confédération italienne.

Pour procéder par ordre il faut commencer par la plus délicate et la plus irritante de ces quatre péripéties. Combien nous sera-t-il facile de prouver que le rôle de la France dans cette question d'intérêt universel et de sentiment profond, a été ce qu'il est encore, constant, dévoué, révérent et éminemment conciliateur.

Constant, cela se prouve sans périphrase, par cette occupation française à laquelle le Souverain-Pontife dut sa rentrée et doit son maintien au Vatican. Quelles arguties passionnées pourront lutter avec cette démonstration irréfragable du dévouement de notre Empereur?

Et maintenant, qu'on essaye de faire un parallèle entre la conduite tenue par la France et celle tenue par l'Autriche dans des positions totalement identiques.

Qui a causé au Saint-Siége la perte des Romagnes? François-Joseph en retirant ses garnisons.

Qui a conservé Rome et le reste des Etats de l'Eglise à son vénérable chef ? Napoléon III en y maintenant généreusement cette occupation française dont nous parlions tout à l'heure.

« Je ne vous rappellerai pas, disait dernière-
« ment, dans une assemblée, un personnage émi-
« nent (1), que c'est l'Empereur qui a rétabli le
« Pape à Rome et qui l'y maintient avec l'épée de
« la France.

« Tel est le dévouement de l'Empereur à l'É-
« glise, qu'il est au-dessus de cette injustice im-
« mense qui naguère a ému la catholicité et étonné
« le monde.

« Les États de l'Eglise étaient occupés mi-partie
« par la France et par l'Autriche, pour assurer le
« maintien de la domination du Saint-Père. Les
« deux corps d'armée, en présence de ce qui se
« passait dans le nord de l'Italie, avaient pour
« mission de garder la neutralité et d'attendre
« l'issue des événements l'arme au bras. Or, com-

(1) Discours de M. le comte de Persigny, prononcé à une cérémonie re-
ligieuse, à Roanne, le 5 septembre 1860.

« ment ce devoir a-t-il été rempli de part et
« d'autre. Le voici, Messieurs. Pendant que la
« France exécutait sa mission en gardant fidèle-
« ment la partie du territoire de l'Eglise qu'elle
« avait à protéger et qu'elle protége encore au-
« jourd'hui, l'Autriche, pour profiter à notre dé-
« savantage des forces qu'elle avait dans les Lé-
« gations, abandonnait la partie des Etats pon-
« tificaux confiée à sa garde, et, en conséquence
« de cet abandon de l'Autriche, le Pape perdait
« la Romagne.

« Mais cet abandon du territoire pontifical ne
« devait pas porter bonheur à l'Autriche ; car bien-
« tôt, battue à Solferino, elle était contrainte de
« faire la paix. Or, Messieurs, la base de la paix,
« base imposée par la nature même des choses,
« par l'état des esprits et l'attitude de l'Europe en-
« tière, était celle-ci, que toute intervention en
« Italie était désormais interdite aussi bien à la
« France qu'à l'Autriche ; de sorte que la Ro-
« magne ayant été abandonnée par l'Autriche, et
« le Pape ne pouvant la reconquérir ni par l'Au-

« triche, ni par la France, ni par toute autre puis-
« sance, cette province était évidemment perdue
« pour le Saint-Siége.

« C'est alors au milieu de ces circonstances dif-
« ficiles que l'Empereur, dans sa haute sagesse,
« dans son dévoûment aussi absolu qu'éclairé
« pour le Saint-Père, se montra disposé à faire
« cette fameuse proposition qui souleva tant de
« clameurs et tant d'injustices. Or, quelle était
« cette proposition? Messieurs, c'était tout sim-
« plement le salut de la puissance temporelle du
« Pape, c'était la combinaison la plus simple, la
« plus habile et la plus conforme au but qu'il s'a-
« gissait de réaliser pour l'indépendance et la
« dignité du Saint-Siége. Vous allez en juger.

« L'Empereur, voyant que, par la faute irrémé-
« diable de l'Autriche, la Romagne était irrévo-
« cablement perdue pour le Pape, voulait au moins
« que si cette province était réunie au Piémont,
« elle ne fût gouvernée qu'au nom du Pape, afin
« de conserver et faire respecter, dans la limite
« du possible, les droits du Saint-Siége. Mais ce

« n'est pas tout. En même temps que l'Empereur
« cédait dans ce projet à l'empire d'une nécessité
« absolue, il en tirait un parti énorme à l'avan-
« tage du Pape ; car, en échange du sacrifice, il
« offrait de garantir et de faire garantir par l'Eu-
« rope, ou tout au moins par toute la catholicité,
« les États actuels du Saint-Siége, et assurait ainsi
« à jamais l'indépendance comme la sécurité du
« Pape.

« Que ces sages, nobles et généreuses proposi-
« tions aient été dénaturées quelque temps par l'i-
« gnorance, l'erreur ou la haine des partis cachés
« sous le manteau de la religion, il n'y a rien d'é-
« tonnant à cela ; mais ce que je puis vous dire,
« Messieurs, c'est qu'aux yeux de tous les hommes
« politiques de quelque valeur en Europe, ces
« propositions ont paru la preuve la plus écla-
« tante du dévouement de l'Empereur au Saint-
« Père ; que tous les ennemis religieux de la Pa-
« pauté en Europe se sont réjouis de les voir reje-
« tées ; et qu'enfin, selon toutes les probabilités
« humaines, à l'heure qu'il est, si ces propositions

« avaient été adoptées, l'Italie serait en paix et la
« cour de Rome délivrée de tous les dangers. »

Ces paroles, empreintes d'un caractère si patriotique et si dévoué, résument à elles seules d'une manière supérieure et péremptoire toute la question qui a rapport aux grandes inspirations de l'Empereur, qu'ont si indignement dénaturées l'esprit de parti et l'esprit de coterie, le pire et le plus dangereux des esprits dans les choses qui touchent au domaine religieux. Ce beau langage, cette logique serrée, cette appréciation partie d'une âme convaincue, sachant à fond celle dont il interprète les augustes élans, ne sauraient être trop propagés pour servir à l'enseignement de ceux qui doutent ou de ceux qu'on aveugle.

La question flagrante en ce moment en Italie se scinde sous deux formes ainsi dénommées : l'unité ou la Confédération.

L'unité est une fiction dangereuse qui ne nous laisse guère entrevoir que des résultats précaires et des germes de discordes pour l'Italie et pour l'Europe.

La Confédération, soumise à certains modes et appropriée à des exigences locales et politiques, rentre dans la catégorie des choses réalisables, et il se peut même qu'on en arrive bientôt à la certitude que c'est la seule qui puisse être acceptée.

En parlant de confédération, il est loin de notre pensée d'admettre pour l'Italie un système sinon conforme mais même relatif à celui des États-Unis, de la Suisse et autres États fédératifs.

Par confédération, nous entendons union de l'Italie, union sans mélange hétérogène, sans introduction de quelque élément étranger que ce soit ; par confédération, nous entendons ensemble et harmonie entre eux des principes génériques et constitutifs de la race italienne. Nous entendons le Piémont avec ses agrandissements, nous entendons la Papauté dans son état actuel, mais avec sa prépondérance morale, son action spirituelle et la conservation de son pouvoir temporel soumis, pour son exercice, à des modifications indispensables au siècle où nous sommes. Nous entendons Naples royaume, mais se régissant d'une autre sorte que par le passé et redevenant puissance italienne, de puissance tributaire et mineure qu'elle était. Nous entendons Venise affranchie, *Venise sauvée,* comme le disait Otway (*Venice preserved*), Venise italienne ! Nous voulons enfin que cette terre du Latium redevienne elle-même, pour être unie, calme, forte et glorieuse !

« Une Italie confédérée, libérale et monar-
« chique, telle est la solution que la France per-
« siste à croire la meilleure, et sur ce point son
« sentiment est d'accord avec le vœu de l'Eu-
« rope (1). »

Mais ce n'est point à l'Italie qu'il faut laisser la mission de préparer, sinon d'accomplir ses destinées meilleures. Ce n'est point par ses mains que doit passer l'élaboration étudiée et prudente des moyens qui peuvent la replacer au rang qui lui est dû.

A qui donc appartiendra de réglementer les bases de cette reconstitution. Au concours éclairé

____

(1) M. de la Guéronnière, au conseil général de la Haute-Vienne.

de la réunion des puissances européennes, tutrices naturelles de l'Italie.

C'est indiquer un congrès.

III

Un congrès, dira-t-on, est un terme fatal; un congrès ne se tient-il pas presque toujours sur un monceau de ruines? N'est-il pas la plupart du temps appelé à l'œuvre attristante qui consiste à recoudre entre eux des lambeaux épars et pantelants, de sorte qu'il ne résulte souvent de ces sutures politiques, qu'un rapiéçage sans cohésion, que des aggrégations sans homogénéité, que des partages antipathiques, véritables levains d'insurrections futures. Le congrès de Vienne n'est-il pas encore aujourd'hui la boîte de Pandore d'où sont sortis tous les maux politiques qui amènent en grande partie la complication presque inextricable du moment?

2

Loin de nous, toutefois, l'idée de discuter en certaine circonstance l'utilité des congrès. Ils ont au contraire, à notre avis, un côté salutaire et important, et nous reconnaissons alors tout ce qu'il y a de solennel, d'imposant, de protecteur et de rassurant dans un congrès. C'est la poignée de main que les puissances se donnent entre elles ; c'est le conseil de famille qui statue sur les intérêts de la nation que sa faute ou les événements ont rendue mineure, et dont il prend la tutelle. Un congrès est un lit de justice, c'est un partage, c'est une liquidation.

Or, rien ne nous paraîtrait en ce moment plus opportun qu'un congrès. Dans ces rendez-vous des grandes capacités politiques, chaque puissance majeure prend, par ses représentants, sa part de solidarité. On se sauvegarde l'un par l'autre de la responsabilité des éventualités dont est toujours gros l'avenir. On n'assume pas sur un seul la charge des récriminations qu'entraîne l'insuccès du parti adopté. Et puis, il est du domaine de la raison et de l'évidence, de poser en fait que le

nombre des avis en détermine généralement la sagesse.

Les quatre grandes questions dont il a été parlé plus haut seraient alors et nécessairement soumises à l'examen du congrès pour être une fois pour toutes, résolues et arrêtées. Alors l'Italie, délivrée de son *proprio-motu*, son plus dangereux ennemi, se soumettrait, non pas avec résignation, mais avec reconnaissance, avec espoir, aux résolutions, solennelles qu'auraient signées pour elle la sagesse des nations.

Sans oser prétendre, dans l'expectative d'une si considérable et si imposante juridiction, d'entrer dans le vif d'aucune de ces questions, ne nous serait-il pas permis d'en effleurer les surfaces et de jeter quelques aperçus qui, sans rien préciser de virtuel et de complet, seraient peut-être de nature à élucider certains points qui font saillie et sur lesquels il n'y aura jamais trop d'avis à émettre ni trop de lumières à répandre.

IV

Et d'abord, honneur à l'Église. L'Empereur des Français est son fils aîné. Nul mieux que lui ne connaît ses devoirs filiaux, nul n'a plus que lui les sentiments de respect dus au chef de la chrétienté. Il montre d'une manière efficace et palpable qu'il n'y a pas pour lui de différence entre le sentiment et l'exercice d'un devoir. Il ne proteste pas de son dévouement et de sa conviction, il les prouve. Il est à Rome, de cœur et d'épée, chrétien et soldat! Il est peut-être cause, lui seul, que Rome et saint Pierre sont encore debout, *Petra super petram!* Aussi, que les ministres de notre religion l'assistent dans sa sage prévoyance, et qu'ils réservent leurs mandements et leurs foudres contre qui ne craint pas de s'en prendre à sa volonté forte et constante, qui fait que leur mitre est encore intacte et respectée!

Maintenant quel est son vœu, son vœu sincère et fervent? C'est que toute gloire reste à l'Église, toute grandeur à son chef sacré. Mais ce qu'il voudrait pour le Souverain-Pontife, c'est un pouvoir temporel durable, et pour qu'il en soit ainsi, il faut entrer dans une voie de larges et salutaires concessions. Sans manquer à tout le respect dû au Souverain-Pontife, nous croyons que dans l'intérêt de la vérité et d'une cause aussi sainte, il est de notre devoir de dire que certains conseillers de la Papauté ont commis de telles fautes, que ces fautes pourraient être prises pour de la trahison, Ce qui fortifierait cette version répandue, que l'influence d'anciens partis politiques n'y serait pas étrangère, bien que ces partis eussent été jadis qualifiés de voltairiens et considérés comme hostiles par le Saint-Siége.

La politique impériale n'a pas épargné ses avis, et plus on avait intérêt à les suivre plus on s'en est écarté. Le gouvernement français adjurait le gouvernement du Saint-Siége de se rendre aux vœux des populations et d'opérer des réformes qui depuis de longues années étaient impérieusement indiquées. Rien n'y fit, et le résultat de cette opiniâtre résistance fut la perte de la Romagne.

Il faudrait qu'à Rome l'administration des affaires passât entre des mains laïques, ainsi que cela s'est anciennement pratiqué dans les Etats du Saint-Siége jusqu'à la révolution française. Les communes, anciennes municipes romaines, étaient administrées par des laïques, des corps municipaux sous l'autorité souveraine des Papes. Alors un mode nouveau de gouvernement s'établirait et donnerait seul des garanties de force et de durée.

Nous ne pouvons, dans l'espace limité que nous donne cet écrit, entrer dans des déductions spéciales et détaillées sur le mode administratif à suivre et sur les écueils à éviter. D'ailleurs tout a été prévu dans les vues si loyales et si sages que la politique impériale a soumises au Vatican. Le Pape, exerçant sa souveraineté dans la circonscription que les circonstances lui ont laissée, ayant son gouvernement en des mains laïques, ayant son armée réellement italienne, jouissant en un mot de toutes les prérogatives du pouvoir temporel et le surmontant de son saint pouvoir spirituel, le Pape devenant pour ainsi dire le pondérateur de cette nouvelle organisation confédérée, libérale et monarchique, serait ainsi la clef de voûte de la future société italienne.

Quant à Naples, autre pierre d'achoppement de la situation actuelle, il faut conséquemment que, sous le sens monarchique, ce pays reste ce qu'il a toujours été, et que dans la Confédération il figure sur la carte à l'état de royaume. Le royaume de Naples est dans les habitudes séculaires de l'Europe.

Mais c'est là que, plus que partout ailleurs peut-être, il faut que le niveau passe sur les abus. C'est là que doit s'opérer une régénération complète de principes et d'institutions. C'est là qu'hommes et choses doivent impérieusement subir de notables transformations. Ce pays, si favorisé du ciel, n'est pas gouverné depuis long-temps. Absence de législation, absence d'administration, justice douteuse, arbitraire aveugle, dilapidation financière, voilà le bilan du royaume de Naples au temps passé,comme à l'heure où nous écrivons. Nous n'avons pas à nous préoccuper de la main royale qui tiendra le sceptre, dans le cas où nos prévisions se réaliseraient au point de vue que nous indiquons plus haut ; mais quelle qu'elle soit, il la faudra ferme et vigoureuse ; il la faudra réformatrice et organisatrice avant tout. La Parthénope moderne et ses luxuriantes provinces devront subir une de ces épurations héroïques qui retrempent l'organisme d'une nation, comme certains drastiques terribles, mais puissants, chassent d'un corps gangrené les principes de sa décomposition.

V

Le royaume de Piémont avec ses accroissements, tenant la tête de la Haute-Italie, les États de l'Église en occupant le centre, et le royaume de Naples les extrémités, se partageraient d'une manière rationnelle et rassurante la Péninsule, qu'une seule domination, que l'unité, en un mot, pour nous servir du terme mis nouvellement en usage, pourrait sans cesse exposer aux dangers intérieurs et extérieurs les plus imminents.

Quoique appartenant toutes à la grande famille italienne, les nations dont nous venons de parler diffèrent entre elles de natures, de goûts, d'usages et de caractères. On n'efface pas aisément les anciennes nationalités, et par nationalités nous entendons ici les différentes branches d'une même race. Voyez l'Allemagne ; allez proposer à un Prussien, à un Autrichien, à un Bavarois, au naturel du plus mince duché, de cesser d'être de l'Autriche, de la Prusse, de la Bavière, et de devenir tout uniment Allemand, vous verrez quelle révolte soulèvera votre proposition, ramenée tout à coup à l'état d'insulte, et pourtant tous se glorifient d'être Allemands. Il en sera de même en Italie ; Piémontais, Romains, Napolitains et Vénitiens se diviseront, tout unis qu'ils diront être, en autant de camps séparés, disposés, au lieu de faire cause commune, à se déclarer des guerres intes-tines et à réaliser l'imprécation de Camille contre l'Italie,

> Qui de ses propres mains déchire ses entrailles.

Nous venons de parler des Vénitiens, cela nous amène tout naturellement à toucher la question indécise et pendante de leur intéressante contrée. Déjà, dans un précédent écrit (1), nous avons traité cette fraction de la complication italienne, et c'est toujours avec un dévouement nouveau et convaincu que nous revenons à l'examen de ce point embarrassant de la situation.

Point embarrassant à coup sûr, nœud gordien de la situation, et qu'on ne tranchera malheureu-sement peut-être qu'avec le glaive !

Notre intention n'était pas de remettre l'Au-

______

(1) VENISE, *complément de la Question italienne.*

triche en cause; mais le sujet nous y force, de concert avec l'obstination si peu réfléchie et si tenace
de cette puissance.

L'Autriche ne se méprend pas sur la cause prin-
cipale de son pied d'argile comme grande puissance européenne. Elle ne possède qu'un simulacre
de marine, et elle n'ignore pas que pour être clas-
sée aujourd'hui puissance de premier ordre, il
faut qu'un Empire ait une force maritime imposante.

Elle manque essentiellement de cette condition *sine quâ non*, d'importance et de vitalité.
Mais là où elle s'aveugle, c'est lorsqu'elle se figure
que la conservation de ce qui lui reste en Italie
soit capable de lui constituer une situation maritime pas plus au point de vue commercial qu'au
point de vue politique.

Venise, nous l'avons, croyons-nous, surabon-
damment démontré, n'est pas un port de guerre,
pas même un port de commerce. Ce n'est point
une de ces escales ouvrant des Archipels et com-
mandant des mers, c'est tout au plus un bel en-

trepôt militaire, une belle station de douane. Ce n'est pas un bras de mer comme l'Adriatique, qui offre des débouchés et qui présente à la hauteur de Venise des contenances suffisantes et des fonds convenables pour recevoir des flottes et se prêter à leurs évolutions.

Pourquoi donc l'Autriche alors tient-elle tant à garder à prix d'or et de sang, en dépit de la raison et en dépit de tous, une possession qui ne fait que l'obérer dans le présent, sans lui laisser dans l'avenir le moindre espoir de s'en dédommager? Ni gloire, ni profit! Mais tel est l'aveuglement de cette puissance qu'elle s'enivre de sa propre erreur.

On a proposé à l'Autriche bien des compensations, bien des échanges où elle ne pouvait que gagner. Elle est restée sourde à ces ouvertures; bien plus, elle s'est d'autant mieux acharnée à conserver qu'on la pressait davantage d'abandonner. Préoccupée à juste titre par la Hongrie, elle a laissé là un libre essor à l'insurrection, toujours imminente dans ces périlleuses contrées, pour déverser toutes ses ressources sur la Vénétie, cette autre chaudière toujours incandescente, toujours prête à éclater et à briser de ses éclats les masses compressives qu'on entasse sur elle.

L'Autriche se passionne tous les jours davantage pour cette maîtresse rebelle qui ne la paie que de haine. Elle veut, singulière aberration, imposer à la politique cette prétention impossible à l'amour, de se faire aimer de force. Elle ne veut pas comprendre que plus elle s'attachera à ce qui veut se dégager de ses étreintes, plus elle augmentera la dose de l'aversion qu'elle inspire.

L'Italie est dans une de ces crises dont on ne sort que sauvée ou perdue. Elle le sait, et l'Autriche devrait tirer de cette vérité la meilleure preuve que toute prétention de se maintenir dans la Péninsule est désormais inadmissible.

Le traité de Villafranca qui, n'en doutons pas, fera la base des délibérations d'un congrès, si congrès il y a, avait tout prévu, à quelques restrictions près, amenées par des circonstances ultérieures. D'après ce programme, toute la question italienne se trouvait résolue.

L'Empereur, par son origine, par l'initiative de sa politique, a dû se montrer sympathique à l'affranchissement de l'Italie; il était le seul souverain qui fût capable de l'assurer. Son cœur est encore plein de ces généreuses intentions, le maintien de ses armes à Rome, sa sollicitude incessante, tout le prouve. Mais qu'au moins ceux qu'il veut sauver, lui viennent en aide et secondent ses nobles aspirations, en entrant avec lui dans la voie des conciliations; que le conseil du Vatican ne suggère pas au Souverain-Pontife ces idées de résistance et de négation dont les suites lui seraient prochainement funestes.

Protéger le Saint-Siége, maintenir l'autorité temporelle du Pape, c'est le vœu du fils aîné de l'Eglise catholique. Que Dieu inspire à ses ministres des pensées conformes aux siennes, et la sagesse des nations aidant pour le reste, l'Italie, cette terre antique qui fut la maîtresse du monde; l'Italie dont nulle autre nation n'égala ni l'apogée, ni la décadence ; l'Italie morcelée, démembrée, vassale, redeviendra l'Italie indépendante, calme et puissante, et reprendra parmi ses sœurs euro-péennes la place d'où ses malheurs et ses fautes l'avaient fait si cruellement descendre !

FIN

Paris. — Imprimerie de L. TINTERLIN et Cᵒ, rue Neuve-des-Bons-Enfants, 3.